U1018754

中华中医昆仑

郭子光学术评传

张镜源◎主编

中国盲文出版社

图书在版编目（CIP）数据

郭子光学术评传（大字版）/ 张镜源主编. —北京：中国盲文出版社，2015.12
（中华中医昆仑）
ISBN 978-7-5002-6832-1

Ⅰ.①郭… Ⅱ.①张… Ⅲ.①郭子光（1932～2015）—评传 Ⅳ.①K826.2

中国版本图书馆 CIP 数据核字（2015）第 316737 号

郭子光学术评传

主　　编：张镜源
责任编辑：王丽丽
出版发行：中国盲文出版社
社　　址：北京市西城区太平街甲 6 号
邮政编码：100050
印　　刷：北京华联印刷有限公司
经　　销：新华书店
开　　本：700×1000　1/16
字　　数：42 千字
印　　张：7
版　　次：2015 年 12 月第 1 版　2015 年 12 月第 1 次印刷
书　　号：ISBN 978-7-5002-6832-1/K·439
定　　价：12.00 元
销售服务热线：（010）83190297　83190289　83190292

版权所有　侵权必究　　**印装错误可随时退换**

丛书编委会

总 顾 问	顾秀莲	热　地	郑万通	王国强
	胡振民	柳斌杰	万季飞	周和平
	宋　海	何界生		
顾　　问	于己百	王永炎	王孝涛	王宝恩
	邓铁涛	石学敏	朱良春	刘志明
	许润三	孙光荣	李寿山	李经纬
	李辅仁	吴　伟	吴咸中	何　任
	余瀛鳌	张　琪	张代钊	张伯礼
	张学文	陈士奎	陈可冀	陆广莘
	苗新凤	金世元	周仲瑛	周兴俊
	周霭祥	赵冠英	费开扬	高思华
	唐由之	程莘农	路志正	颜德馨
主　　任	张镜源	佘　靖	白庚胜	
副 主 任	于文明	卫　中	王　炼	王国辰
	王承德	王晓民	元哲颖	刘彦龙
	李大宁	李功韬	李建军	李俊德

	李振吉	杨钊	杨勋	何伟诚
	苑为	周建良	房书亭	赵克忠
	胡小林	姜在旸	修成娟	姚振华
	贺兴东	徐建中	梅伟	崔晓浔
	蒋健	谢秉臻		
编委	王中华	王汉智	邓耀华	陈伟能
	周汉智	郑仁瑞	董栋华	
主编	张镜源			
总编审	王立	伊广谦	刘南燕	牟国胜
	李佐丰	吴石忠	汪兆骞	张年顺
	张瑞贤	陈金华	呼素华	孟庆云
	施宝华	梁星乔	傅芳	靳琦
	鲁兆麟			
编审	尹龙元	红柳	孙雁行	李岩
	李越	李占永	宋倩	张浩
	陈宏玢	黄健	崔宇	鲍国威
编务人员	王悦	刘伟	李淑荣	周逢春
	张媛	赵祥龙	顾秀玲	常东晗

前言

中医药是中华民族的伟大创造，是世界医学宝库中的夺目瑰宝，数千年来为中华民族的繁衍昌盛作出了巨大的不可磨灭的贡献，至今仍是中国医药卫生事业不可分割的重要组成部分，在维护民族体魄康健、促进经济社会发展中发挥着不可替代的作用。

中医药学，是中华传统文化和科技文明的结晶，是勤劳聪慧的中华儿女在几千年生产生活实践中，在与疾病作斗争的过程中，创造的独具特色的医学科学体系。它有着浓郁的民族特色、深厚的文化底蕴和丰富的哲学内涵。经过一代又一代中医药传人、一辈又一辈名医大家的实践探索、薪火传承、总结完善、创新发展，逐步形成了系统的理论体系、独特的诊疗方法、丰富的医学内容、实用的制药技术。具有疗效确切、用药安全、应诊灵活、普适简廉和预防保健作用显著的巨大优势，在世界医学之林独树一帜，为人类的文明进步与医疗保健事业，已经并正在作出积极的贡献。

为了弘扬中华民族传统文化，彰显中医药学家的丰功伟绩，当代中医药发展研究中心与中国文学艺术界联合会、国家中医药管理局新闻办公室、中华中医药学会、中国中医科学院、北京中医药大学、世界中医药学会联合会等精诚合作，在国家中医药管理局的支持和指导下，为中华近现代百年来贡献卓著、深受敬仰的150位中医药学家，编撰出版了这部大型传记丛书。丛书采用评传体裁，记载他们的生平事迹、医术专长、学术思想、传承教育、医风医德、养生之道和突出贡献，使这些宝贵的医学成就和精神财富发扬光大，千古流芳。

丛书取名《中华中医昆仑》。昆仑山，被尊为“万山之祖”，柱西北而瞰东南，立中国而凭世界，凌驾乾坤，巍然屹立。以其高峻豪迈、绵延起伏的磅礴气势，寓意中华中医药学历史悠久、博大精深和永不衰竭；以其挺拔雄伟、高耸入云的恢弘气魄，彪炳一代中医药学家的丰功伟绩、杰出贡献和不朽勋业。

丛书入选传主，从全国范围推荐遴选，遍及中医药界各个领域。有临床家、理论家、药学家、教育家、医史文献学家；有名师亲授、世医家教、学派传人、院校毕业和自学成才者；有师徒并驾、父子齐名和伉俪联袂者。他们学术造诣深厚、诊疗技术精湛、临床经验丰富、学科地位崇高、科研成果丰硕、医风医德高尚、国内外影响较大，从医学理论到临床实践，为中医药事业的传承和发展作出了突出贡献，是近现代百年来中华中医药界的杰出代表。

丛书的出版，对于弘扬中华文化，振兴中医药事业，造就中医药人才，普及中医药知识，具有重要的现实意义和深远的历史意义。这是一项开创性工作，填补了我国为著名中医药学家大规模撰写传记的空白；也是一项抢救性工作，因入选传主已仙逝过半，许多亲历、亲见、亲闻的史料日见散逸，将之收集整理、编撰成书，功垂后世、利国利民；更是一项承前启后的工作，总结传主经验，传承中医药伟业，继往开来，光耀世界医学之林。这部医文结合，富蕴历史性、学术性、文学性和实用性的鸿篇巨制，对医疗、卫生、科研、教育及全球关注中华中医药文化的各界人士，都有重要的参考和阅读价值。

丛书的编撰出版，是一项巨大的中医药文

化建设工程，在策划、撰写、编辑、出版过程中，自始至终得到了国家有关领导、政府部门及社会各界人士的关心和支持。国家中医药管理局高度重视，并组织专家对全书进行终审；数百名专家、学者亲临指导，参与规划；有关省、市、自治区卫生厅、局、中医局（处）给予大力帮助；传主及其亲属、弟子热情支持、密切配合；撰稿人深情满怀、辛勤笔耕；编审专家尽心竭力、精工细琢；关爱中医药事业的企业家热心公益、慷慨资助；全体工作人员不辞辛劳、无私奉献，这一切使丛书得以顺利出版。对此，我们深表谢意。

由于时间紧迫和资料搜集困难，加之水平有限，难免有疏误之处，敬请广大读者批评指正。

中华中医药学，历史悠久，源远流长，发端于远古，奔向于未来。百年对于历史，不过是短暂的瞬间；百人对于万众，不过是沧海一粟。然本丛书所记载的百年百人，则无疑是波澜壮阔的中医药发展史上辉煌的篇章和光芒闪烁的璀璨星辰。

张镜源

目录

中医现代化，是中医学固有的特色和优势的创新与发展。

——郭子光

郭子光，1932年出生，字茂南，重庆荣昌县人。成都中医药大学教授，著名中医临床家、教育家，中医伤寒和各家学说专家，中医康复学科开创者之一。

郭子光承袭家学，为成都中医学院本科首届毕业生。他在近60载的中医临床、科研和教学生涯中，始终兢兢业业，踏踏实实，传承发扬中医事业。他深感中医经典和历代名家的代表著作是中医学的瑰宝，因此广泛涉猎，博采众长，并坚持在继承中求发展，在突出特色中求创新。他治学严谨，敢于创新，其医学理论贡献在于：提出“病理反应层次”学说，解释伤寒六经方证；倡导“三因鼎立”学说，力求更加完善中医发病学体系；提出创立“现代中医康复医学”的基本框架设想，率先开拓中医康复学科领域；分析指出“病证结合”论治的四种基本形式的特点、优点和适应范围，同时总结出治疗慢性疾病的八个步骤，作为中医临床措施的规范运用。

他的临床特点是重视脉理，习用经方，强调辨证论治。他擅治心脑血管病、血液病和肺肾慢性疾病，对外感发热性疾病和癌症的治疗也颇有研究。他灵活运用中医理论指导临床取得实效，郭子光手迹例如发挥“杂合以治”学说以促进冠心病等多种慢性疾病康复，用“寒温合法”治疗急性外感热病，将“通阳不在温，而在利小便”的治法用于治疗少阴病格阳证（多系慢性心力衰竭）等，都是中医理论在临床上的发挥，且疗效显著。他的研究成果曾获省、市相关科技成果奖。“郭子光学术思想及临证经验研究”课题也被纳入到国家“十五”科技攻关计划。他编著或主编了《伤寒论汤证新编》、《中医各家学说》、《现代中医治疗学》、《肺结核病》等13部医学专著，发表医学论文130余篇。

1992年10月，郭子光作为发展我国高等教育事业有突出贡献的专家受到国务院表彰，享受国务院政府特殊津贴。随后，又被确定为第三批全国老中医药专家学术经验继承工作指导老师，四川省政府首批确定的学术技术带头人。2009年由人力资源和社会保障部、卫生部、国家中医药管理局评为全国首届国医大师。

童年经磨砺　矢志习岐黄

位于巴蜀交界要道的荣昌县历来物产丰富、地灵人杰，自宋以降，涌现出了不少彪炳史册的杰出人物。1932 年 12 月，郭子光就出生于该县仁义镇郭氏中医世家。父亲郭治安当时已是远近闻名的中医先生，年届中年而喜得贵子，取名子光，字茂南，是希望儿子长大后能发扬光大郭氏祖传之医业。

仁义镇位于荣昌县城北约 50 华里处，当时住有 200 多户人家，郭氏是其中的大族。镇的周围筑有城墙，有四个门通向镇外。这里物产丰富，环境幽静，在抗日战争时期，曾吸引很多逃亡四川的高学历知识分子到这里的小学、中学任教，这对提高当地居民的文化水平，促进当地人才的成长有相当的贡献。

小镇上儒家文化气氛十分浓厚，郭氏宗族亦尊儒重教，捐资助学，兴办学堂。小镇名曰“仁义”，中学名为“亲仁”，小镇的街头巷尾，墙壁楹柱等尽刻礼义廉耻、忠孝仁爱、自强不息等儒家经典中的词语，以砥砺道德气节，保持勤奋好学的风尚。年幼的郭子光就在这样的环境里成长。

天有不测风云，在郭子光 4 岁那年，母亲意外去世，给他心灵上留下巨大阴影。父亲也因此而更为沉默寡言，潜心于繁忙的诊务中，治病救人，不分昼夜。父亲继承了祖父久轩公的医术，精于内外方脉，熟习《黄帝内经》、《难经》及仲景之书，每起沉疴于危难之际而名噪一方，终因诊务太忙，积劳早逝，年仅四十有二。双亲的先后去世，对 7 岁的郭子光身心的伤害无疑是巨大的。在后来的习医路上，每思及亲人的早丧，他都悲伤心痛，从而更坚定了他不畏艰辛、学好医术治病救人的信念。从他5岁起，父亲就指导他背诵《医学三字经》、《药性六字经》、《时方歌括》、《长沙歌括》、《温病百言》等家传医书。在他行医数十年后的今天，每谈及自己学医的缘起，郭子光都会感叹当时的背诵使他终生受益，深感学习中医就是要背诵。

父亲去世后，郭子光和继母搬到离小镇十华里的龙家沟居住，靠父亲生前购置的房舍和几亩土地，聊以为生。他在小学读书，每天早出晚归，从不偷懒。他记忆力强，读过的古文多能背诵和引用，学习成绩一直保持甲等，作文还常被老师用“此文描写得颇佳，传观”等批语示范。他富有想象力和好奇心，喜欢提问题。后来上亲仁中学，他在课堂上问老师：“物质是怎么来的？如物质来源于另一物质，那最原初的物质又是怎么来的？”化学老师陈聚光说："现在还不能回答。"但从此，他受到了老师的关注，经常被陈老师叫去寝室交谈。与陈老师同寝室的还住有国文老师周大其、数学老师肖芳醇，他们都是从中央大学来到亲仁中学教书的。由于经常与老师们交谈，久而久之，他成了三位老师看重的"爱生"，不时送给他图书、文具等。三位老师颇具正义感，在学校里编写《正言报》，每周一期，所载文章鞭笞社会弊端，文字十分辛辣，不久引起了地方权势人物的注意，说他们"可能是地下党"。由于个人安全受到威胁，三位老师悄然离开小镇去了重庆中央大学。临行之前，他们想带郭子光去重庆读中央大学附中，说毕业后可读中央大学，但郭子光想到自己出身中医世家，一心要承袭家学，就放弃了这一机会。老师们又拿出《古文观止》、《数学参考丛书》等书送给他留作纪念。肖芳醇老师还在书上题写赠言："为学如逆水行舟，不可一篙放缓。"此言成了他终生治学的信条。

在抗日战争的几年间，郭子光和小同学们组成宣传队，经常走在小镇的街道上，唱着《义勇军进行曲》，宣传“抗战到底”；唱着《从军乐》欢送志愿去缅甸当抗日“远征军”的年龄稍长的同学。他希望自己快快长大，也能奔赴前线，为祖国而战……

郭子光一生做人、行事（包括行医）的那种仁义、诚信、严谨、低调的作风，以及刚直、坚忍、执着、无畏的性格，他对中医事业的矢志追求，都能从其童年的磨砺中找到很好的诠释。

广博求真谛　基深筑高墙

郭子光承袭家学的想法得到了已是当地名医的舅父的有力支持。舅父名叫廖济安，师从于郭子光的父亲郭治安，尽得其传。廖济安精医理，擅临床，治“暴证”尤过其师，对求诊者一视同仁，遇赤贫者则送诊施药，称得上是医术与仁术紧密结合的典范，方圆百里，有口皆碑。廖济安为报师恩，更为了自己的外甥能承袭家学，在郭治安过世后，就经常给郭子光讲解医书医理。廖济安坚信“基深筑高墙，临证知真谛”的治学之道，为精心培育外甥，决定先让郭子光去读私塾。读私塾可以学习四书五经，这些儒家经典与中医典籍一脉相承，同时可以提高他对古籍的阅读能力，加深他对《内经》、《难经》、仲景及后世诸家医学的理解。郭子光在私塾读了一年，回家后继续受教于廖济安。廖济安对他的教学方法是结合临床讲习医理，总是不厌其烦地列举那些临证所见的典型病例，引经据典地讲解其理、法、方、药的要点，对疑难病例则指明其疑难之处。之后，若遇到同类病例则要求郭子光先辨证开方，然后指出其是与不是，并说明为什么。如此“手把手”地教习，为郭子光未来的医学成就奠定了较为坚实的中医临床基础，也培养了他数十年从医生涯中一贯重实践、讲疗效的风格。

1947 年，荣昌地区白喉流行，患者以儿童居多，每天来诊所排队就诊。廖济安开方，郭子光则用老师兼舅父专门研制的“吹口丹”（在吹口丹配方中加入麝香等药）为病人喷喉。廖济安说：“白喉一症，大都是阴虚热毒所致，切忌辛温发散，误则热毒溃散，阴更伤，往往加重病势，甚至不救。”廖济安主用养阴清肺汤加减，外用加麝香的吹口丹，效果显著，白喉假膜很快脱落而病情好转。当时县上的西医对白喉的流行几乎是束手无策，而经廖济安治疗过的病人则大多应手而愈。这种看得见的疗效更坚定了郭子光学习中医的信心。

郭子光记得那几年每至夏季，廖济安都要免费给病人放痧（委中穴刺血治疗）。四乡农民，中暑发痧的不少，表现为头晕、心慌、腹痛等，经放痧后，症状大都能立即减轻，因而廖济安颇受农民欢迎。有一暑天，郭子光也突然腹痛，即欲大便，一时辰跑五六次厕所。他的师兄说是发痧了，给他在委中穴刺血，即刻症状缓解，不药而愈。郭子光亲身体会到老师常用的治疗手段确有神奇疗效。

廖济安经常下午出诊，郭子光则提上出诊包随行。在这个当时他感到有点神奇的出诊包里，放有通关散（吹鼻用）、吹口丹、十滴水、四磨饮等急救的药品。此外，还有数包大承气汤、生脉散加茵陈等配方药以及毫针、艾灸等，全为备急之用。廖济安擅医暴急病症，名闻乡里。一次下乡诊治一位高热半月不解，时有谵语，寻衣摸床，大便已六七日不解的患者，廖济安说当需急下存阴，立即拿出大承气汤嘱急煎顿服，然后再开养阴清热处方，嘱病家去镇上购买。患者服后不久即愈。由此郭子光才明白为何总是要带上承气、生脉之类。廖济安说："抓紧时间治疗最重要，早下一时邪热，多留一分气液，则多有一分生机。"廖济安治急病重症，细心而果断，一些猛药毒药在他手里也常常发挥出有益的治疗效果。如白砒，廖济安说是味大毒药，也是一味好药。那年疟疾流行，廖济安用白砒和绿豆按1∶10的比例，做成绿豆大的丸药，于疟发前一时服一丸截疟，甚为有效。有一病人求效心急，服了两丸，随即呕吐不止，差点送命。廖济安说此药虽好，就是量难掌握。那时劳苦百姓患疥疮的很多，在一般硫黄软膏无效时，廖济安就加少许白砒，涂之即效。

年少的郭子光天资聪颖，颇有悟性，侍诊两年有余，对济安先生的许多独到见解与经验，都能心领神会。如其治高热证，属三阳合病者多用大剂柴胡白虎汤，属寒温合邪者则柴胡白虎加银翘大板寒温并治；治吐泻证属寒热夹杂者多用半夏泻心汤加味；治夏日暴厥虚脱脉微之证多用大剂生脉散加茵陈，如此等等，郭子光承袭而沿用至今，屡试不爽。他年未弱冠，即学有所成，悬壶乡里，济世救人，继而小有名气，尝得济安先生“郭氏医术后继有人”之赞。但他并不满足，而是立志深造。

1953 年，重庆西南军政委员会、卫生部中医进修学校面向西南诸省招考青年中医。在 600 多名考生中，郭子光的成绩名列前茅，被录取后学习一年，并以第二名的成绩结业。但因当时“中医西医化”之风正盛，学生们所学大多是西医课程，郭子光也不例外。不过这倒开启了他的思路，大大拓宽了他的知识领域，使他认识到除了中医理论体系外，还存在着另一套学理甚精的医学理论体系。这次学习使他萌生了探讨中西医学之间的联系、差异与实质的想法。

郭子光结业后仍回乡行医，因医术日益精进，不久便被调入县城关医院任内科医生兼医院主任。他白天看病，晚上看书，广泛阅读，深感学海无涯，自己对西医尚属初识，而中医典籍的概念深邃，哲理性强，结论多，论证少，要探讨中西医的异同与实质，必须掌握现代自然科学与方法论。于是他继续谋求深造。1956年，他考入成都中医学院（现成都中医药大学）医疗系，又受到众多四川名老中医前辈的教诲。1960年，他因成绩优异而提前毕业并留校任教。他一边工作，一边修完本科六年制全部课程，获得该校首届本科毕业生文凭。

在此后的年代里，郭子光的求知欲和探索精神与日俱增，除中西医学外，还爱好文史哲学。他认为各种知识都是有联系的，“学术上广博而不精深者有之；精深而不广博者，未之闻也”。所以，凡是能接触到的古今典籍、名著、期刊杂志，他无不阅读，而且都要将其中的重要事实、独到见解、名言名喻等，摘录在册。他常说：“不要太相信自己的记忆，只有摘录下来的东西才可靠。”他的一大堆笔记和上万张卡片，就是“读书破万卷”的结果。他白天应诊，晚上翻阅中西医学书籍，弄清当日所存疑问，对典型的或有体会的病案，必作翔实的记载和整理。如此日积月累，从中有所发现，然后才动笔著述。他治学严谨，不图虚名，论文著述从不假手于人，文字朴实，富有新意，常获读者好评。他精医善文，思维活跃，具有敏锐的洞察能力和综合概括能力，常能捕捉到处于萌芽状态的新生事物，观察到医学发展之趋势，及时著文探讨，引得时人瞩目，故其而立之年，就已闻名遐迩。

厚积能薄发　理用重临床

1960 年 4 月，郭子光被派参加四川省丝虫病防治研究小组，在乐山燕岗一带运用中药、针灸等治疗丝虫病患者，取得一定疗效。回校后任助教，先后在各家学说和中医内科教研室担任教学和临床带教工作。这一期间他还受到吴棹仙、邓绍先、宋鹭冰、彭履祥等著名中医学家的亲自指导，学术水平又得到了很大的提升。

1963 年，郭子光发表了《中医长寿学说探讨》一文，系统总结了中医养生长寿的基本观点与方法。1965 年 2 月他在内科病房上班和带教，因对临床上涉及的问题有感而发，撰写了

《关键在于提高疗效》一文，发表在《健康报》上。文中列举事实，率先提出中医存在“无证可辨”等学术危机及初步的应对设想。

此后，多年的知识和临床经验积累，使他在中医学术领域中能一直保持着多角度的敏锐思索和有益探讨。他不断提出新的观点和意见，并编写、发表了大量的专著和论文，享有巴蜀中医界“多产作家”之称誉。

郭子光在理论与临床探索中牢记并实践张仲景“勤求古训，博采众方”的名言，每次诊治都有收获或体会，并随时进行总结。1965年9月10日，他收治了一位67岁不明原因尿血的男性患者。刚入院，患者因形衰气弱、体力不支便解衣上床欲睡，忽觉小便不能自控而尿在床上，干净洁白之被单染红大片，患者甚觉不安，谓在家亦常如此大量尿血。郭子光经询问得知，患者小便通畅无痛苦，尿量未减少。察其面色苍黄少华，精神疲乏，少气懒言，舌质淡白，脉虚弱。患者自述饮食少思，大便不干结。西医检查未明，采取输液并用对羧基苄胺配合治疗。中医认为气虚不能摄血，用归脾汤全方和云南白药与服。两天后，出现尿频尿急，尿道憋胀，每次解出鲜红血尿少量，烦躁扰动不宁，且病情日益加重，频频呼叫小便，每日数十次之多，每次少许鲜红血尿，直呼茎中痛苦不堪，全身也痛楚难忍。西医撤去止血剂，改用中医独参汤和三七粉，又两日病情有增无减，诸医束手无策。入院后第五日晚，郭子光正好是当天的值班医生，守候病人床旁。病人痛苦万状，小便时尽力作努挣之势，呻吟中谓："医生，给我车前、牛膝煎服，分清阴阳就好了。"患者年事较高，耳濡目染，也略知民间单方。这句话使郭子光受到启发，病人解小便时如此痛苦，必夹瘀块实邪阻滞，其瘀块之形成可能由于补涩太过引起。而瘀块结于尿路，用车前子、牛膝通瘀与通利合用，自有相得益彰之效。当即处方：车前子 30g，牛膝 30g。急煎顿服。病人连服两大盏，于夜半排出一拇指大的瘀块，此后小便通畅，全身轻松，熟睡至次晨，精神爽快，饮食知味。调理半月，逐日小便增多，尿色由淡红变清，痊愈出院。郭子光广查医书，发现在《杂病源流犀烛》、《医碥》等书中，竟有病人所言之方。这一次临床经历使他很有感触，叹自己尚不善读书用书。此后，他在读书中凡有所得，总是随时做好笔记；对民间疗法、有效的单方都很重视，并收集验证。20 世纪 80 年代，他把自己长期收集的临床表现奇特、少见又诊断不明，而中医药治疗效果良好的经过发表的病案，编加按语而成《中医奇证新编》一书。本书出版发行后，颇受读者欢迎，并远传东南亚及欧美等地。

1966～1970 年间，郭子光多次被派往四川各地进行所谓的“开门办学”或参加传染病的防治。在温江县和盛镇“开门办学”时，参与防治钩端螺旋体病过程中，他运用温病卫气营血辨治，取得肯定疗效。1970 年，他被派参加四川省血吸虫病防治队，去金堂县清江公社一带，运用中医药治疗晚期血吸虫病，疗效显著，受到四川省血防办表彰。在这段时间里，他对疾病的研究工作也从未放松。如 1971 年，他被派往四川省慢性气管炎防治办公室主管该病的防治研究工作，并研究出包含芸香草、金龙胆草等有较好疗效的祛痰、止咳、平喘药。在从事慢性支气管炎防治工作取得一定成效后，他又把研究的重点放在当时发病率很高的肺结核病上，在全面分析本病的发病、病机的基础上，提出了较为系统的中医辨治方案，并在临床辨治中收到较好疗效。此后，他继续思考着相关的问题，探索有效的辨治方法，直到 1982 年形成对肺结核病的一个相对完善的认识体系，著成《肺结核病》一书，由人民卫生出版社出版发行。书中提出了中医认识肺结核疾病的“三因鼎立”学说，对中医病因发病学有所发挥。此书被同行认为是继葛可久《十药神书》之后又一本中医治疗肺结核病的专著。

1971年，英国剑桥大学著名学者李约瑟博士及其助手鲁桂珍博士，为最后定稿的《中国科技发展史》中的某些问题而来成都中医学院访问。郭子光作为当时的年轻专家参与座谈。对话中，李约瑟博士问：“红花是什么时候引种到中国的?”中药专家凌一揆答：“最早见于唐代《新修本草》。”李约瑟说：“我也是这样认定的。”又问：“针拨白内障手术，中国是什么时候开始运用的?”某眼科专家回答：“扁鹊的时候就有了。”李约瑟说：“《史记》上没有记载。”郭子光回答：“说扁鹊用针拨白内障，那是一种传说。见于文字记载的当以《备急千金要方》为最早。”李约瑟点头说：“我见到的最早记载也是孙思邈《备急千金要方》。不过，在印度古代也有针拨白内障手术，比《备急千金要方》

记载早 100 多年。如果各位能找出扁鹊时期的记载，那中国就比印度早几百年了。”又问：“中医的痰当如何理解？”郭子光回答：“痰是一个病理概念，有广狭二义。狭义之痰即有形之痰，如咳嗽吐痰、流痰等；广义之痰包括有形和无形两类，无形之痰如痰迷心窍、痰阻胞宫等，都是对一些证候群的概括，据此治疗都能取得疗效。”李约瑟连连点头称是。如此问答持续两小时左右，但时年 80 岁的李约瑟博士仍然精神饱满，毫无疲乏之状，这让包括郭子光在内的与会同仁深受感动。其实中医只占《中国科技发展史》中的一小部分。

李约瑟博士写《中国科技发展史》，并在他的一生中力图回答这样一个问题：古代东方科技如此发达，为什么现代科学发生在西方而没有发生在东方？可惜的是，他至死也没能清楚地回答这个问题，后来人们便称之为“李约瑟难题”。

特别值得一提的是，在1971年，由于研究慢性气管炎防治有成，郭子光在人民大会堂受到周恩来总理的接见。在座的中西医专家有20余人，在谈话中总理问道："慢性气管炎是什么原因引起的？"有西医回答：是病毒引起的。总理又问："病毒是怎样产生的？"在座无人回答。总理说："西医也有说不清楚的。中医一切疾病都归脾胃，也太笼统，都要发展。"总理这段话，郭子光铭心刻骨，促使他将一生的时间和精力用于追求中医的发展，也成为他后来从事中医发展战略研究的动力。

自此后，郭子光在中医理论与实践中探索的劲头更足了，而且特别重视中医研究要解决临床实际问题。1974年，他在中医内科教学期间到基层搞"开门办学"。一日下午，在什邡县城关医院的基地中突然收到三例乙型脑炎患儿，其中一例7岁男孩，体温41℃，昏迷，抽搐不止，属重症乙脑。患儿一家都埋怨县医院的医生没认清楚病，延迟了两天才转来中医学院医疗点，语气中大有若患儿不测的话即将产生医疗纠纷之意。而且同时收治三例乙脑病人，如果一个都没治好，对学校也会有负面影响。可是当时驻点的其他教师均无治疗本病的经验，都等着郭子光拿主意。郭子光经过认真思考，认为还是应该严格按照中医辨证论治处理。其病当属“暑痉”，乃高热动风、邪陷心包、痰热蒙蔽所致，需急予安宫牛黄丸半粒合麝香少许，鲜竹沥水送服，其余汤药恐缓不济急。当时市面上却买不到安宫牛黄丸，好在患儿的父亲为当地一企业领导，颇有人缘，竟然很快找到了同仁堂生产的安宫牛黄丸。但麝香还未找到。正焦急时，一位来自阿坝藏族自治州的进修医生说他有一点麝香，可捐出抢救患儿，他很想看看中医对这种急性高热病的效果。与此同时，郭子光发动病人家属按法自取鲜竹沥水。以上诸事在半小时左右准备完毕。郭子光一直在现场指导治疗，从晚上 8 点左右开始鼻饲服药，至夜 12 点服药 3 次，患儿体温逐步降至 38℃，抽搐暂停，虽仍然昏迷不醒，但病势已趋缓解。次日上午，体温基本达到正常，但仍处昏迷状态。继续饲服安宫牛黄丸每 4 小时 1 次，午后患儿神志转清，唯大汗出，属气液损伤，给予银翘益胃汤加味调理。安宫牛黄丸共服 4 天，患儿共住院两周，完全恢复出院。一周后，患儿佩戴红领巾，由其父母陪同，送来锦旗一面，上书"用伟大祖国医学的方法，迅速治愈我们患重型脑炎的孩子，而且毫无后遗症，我们由衷地感谢"云云。其他两例患儿的病情相对较轻，又得了前述患儿的一些便利，都顺利痊愈。

1977 年，郭子光主编了《实用中医学》一书，由四川人民出版社出版。书中从中医基础理论至临床常见病种的辨治规律都作了较为全面的总结，在四川中医界产生了较大的影响。随后被中断的职称评定工作重新开展，郭子光被评为讲师，调《成都中医学院学报》任常务编辑，筹建《成都中医学院学报》的复刊、出版、发行等工作，同时承担中医内科学、《伤寒论》的教学工作。1979 年，他参与中华全国中医学会四川分会成立的筹备工作，并呼吁创办《四川中医》杂志。经省委宣传部批复同意后，该刊得以顺利问世，四川中医界多年的夙愿终于实现。

学术尊仲景　理法善发扬

1978年的全国科学大会上，邓小平明确提出“科学技术是生产力”。时年86岁高龄的中国科学院院长郭沫若也发表了题为《科学的春天》的文章。这给正值壮年的郭子光以极大的鼓舞，多年来在学术研究中蓄积的能量开始爆发出来。当时他正承担着给学生讲授《伤寒论》的工作，更重要的是在多年的理论求索与临床实践过程中，他深感中医经典才是中医理论与实践的最高境界，为使中医理论的探讨能正本清源，他首先选择在伤寒学术研究上有所突破。

1979年，郭子光在《中医杂志》第十二期首篇发表了《伤寒论证治规律的探讨》，首倡

"病理反应层次"学说解释伤寒六经方证。这一学说使《伤寒论》中看似杂乱无章的症状、体征在六经阴阳理论的指导下形成了浑然一体的联系，对临床用活六经方证有着重要意义。从此，"病理反应层次"学说在伤寒学术的研究中多被引用，对中医学术界影响甚大，被认为是现代研究伤寒之新说。此文被收入江一平主编的《古医籍各家证治抉微》一书中。此后郭子光在短短十余年中，发表伤寒学术类的研究论文共25篇。

1983年，郭子光与夫人冯显逊合著《伤寒论汤证新编》一书，由上海科技出版社出版。全书30余万字，引用文献790篇，运用"病理反应层次"学说解释伤寒六经方证，并对近、现代应用伤寒方证的经验作了系统的整理、总结，颇合实用，富于创意。此书后来被台湾地区中国医药学院选为《伤寒论》教科书；两次印刷，并荣获四川省中医管理局科技进步三等奖。

所谓伤寒六经病理反应层次学说，是郭子光经多年研究体会后提出的伤寒六经方证三大本质内容之一。伤寒六经方证的本质，一是寓理于事，因事明理。因为临床事实是客观存在，不会随时间的推移而消逝。尤其是医学，与其他自然科学还有所不同，它所研究的对象是人体疾病，古今都一样。张仲景沿用《素问·热论》三阴三阳的概念为骨架，用严格事实的联系体现辨证论治的规律，其中融会了前人一切良好的医学思想，如整体观点、发展观点、普遍联系观点等，这就是此书所以具有高度的概括性、原则性和适应性而经久不衰的奥妙所在。全书以条文的方式列举反映疾病发生、发展过程的自然状态及其诊治的事实，不言经络、气化、脏腑……而这些理论寓于其中，不言整体观、辨证观、恒动观等，而这些观点因事而明。就是这种特殊的论述方式，使得《伤寒论》成为不朽之作，无懈可击。二是方证的典型性与系统性。郭子光说仲景《伤寒论》提供的临床事实不是简单的复写，而是大量临床事实的综合与抽象。仲景“勤求古训，博采众方”，搜集先前数十代人已经证实的成功经验，再经长期的反复亲身“凭脉辨证”的实践观察，同中求异，异中求同，去粗取精，去伪存真，把那些在疾病过程中有联系的、经常同时出现的、能够反映病机本质的脉症概括起来，称为“证候”。“证候”与具有严格配伍规律和肯定疗效的特定汤方结合在一起，称为“方证”。全书凡112个“方证”，是《伤寒论》基本的、典型的事实，即从大量的、多种疾病中综合出来的事实，并不是某一特定疾病的症状组合，是由能够反映病机本质的脉症组成的。《伤寒论》的系统性，是以三阴三阳六个病系为主体，以方证为基本因素，用辨证论治的理论把它们联系起来，成为一个有机的整体。三阴三阳，按层次深浅，排列有序，即太阳→阳明→少阳→太阴→少阴→厥阴，反映出疾病过程不同的阶段和属性。其方证顺序也基本体现出部位深浅和传变、转归的联系。对三阴三阳病中的每一病作纵横剖析，也可以看出《伤寒论》是系统性很强的有机整体。三是六经病理反应层次学说。张仲景是根据什么把一系列看起来杂乱无章的症状、体征联系起来，形成一个个不同的具体方证，又把不同的方证联系起来组成六经病的呢？这种联系就是形成伤寒方证与六经病的本质。对此郭子光倡病理反应层次学说并加以解释，认为各种证候都必然从人体特定部位表现出来，而其部位有深有浅，有表有里，有经有腑，有在胸中、在心下、在气、在血等不同，形成一个个不同的病理反应层次。六经病就是六个大的病理层次阴阳失调的反应，各经病所属方证就是由浅而深的若干较小的病理层次阴阳失调的反应。六个大的病理反应层次中，如同时出现两个或两个以上层次阴阳失调称为“合病”，先后出现则称为“并病”。在较小的病理反应层次中，也可同时出现两个或两个以上层次阴阳失调，如麻黄桂枝各半汤证等。所谓阴阳失调，实指阴阳量呈现偏盛偏衰的状况，表现为病理层次反应状态的强弱。所谓反应状态，是人体在内外环境各种因素综合作用下的总体反应，因人因时因地而异。所谓六经病：太阳、阳明、少阳、太阴、少阴、厥阴，实际是按阴阳的多少，即反应状态的强弱依次划分的。当两个或两个以上病理反应层次由于反应状态强弱的差异性，有的层次阳大于阴，有的层次阳小于阴，这种情况同时出现，便形成所谓寒热交错、阴阳混淆的证候，如大青龙汤证等。不仅如此，即使同一病理反应层次，在不同的人或不同的时间，其反应状态也是不同的，或阳大于阴，或阳小于阴，而出现不同性质的证候。如病皆在表但有麻黄、桂枝之别，病皆在心下却有诸泻心证之异。

调节人体反应状态，使之由病理性转化为生理性而达到治疗目的，是《伤寒论》的全部治疗思想。其调节方法具有下述三个主要特征：一是调节的二相性。考论中处方大多寒温并用，攻补兼施，升降两行，足资证明。二是调节的固本性。论中 112 方，用药 93 味，用得最多者首推炙甘草，共 70 方；次为大枣 40 方，附子 23 方，人参 22 方。此类扶助正气的药物使用率最高的事实，表明其组方重视固本。陈修园总结《伤寒论》治法的精神实质为“保胃气，存津液”六个字，道出了其调节的固本性特点。三是调节的整体性。针对各种内外因素综合作用下出现的各种病理层次的反应状态进行调节，本身就是整体观念的体现。仲景的调节方法不完全是直接针对失调的病理反应层次，而是从整体着手去改变失调的病理层次的反应状态，达到治疗目的。如五苓散制方目的旨在利水，其中不仅用苓泽利浊水，还用桂枝通阳气；不仅要利水于下，还用苓术固脾气于中。虽着眼于利水，实调节于整体。可以说伤寒六经方证就是仲景在当时条件下，为寻找调节人体反应状态的确定性而总结出来的针对不同病理反应层次进行调节的治疗体系。

由于学术上的影响不断扩大，郭子光与国内外同行的交流也多了起来。1980 年和 1981 年两年内，他多次在省内各地市巡讲伤寒专题。1980 年 10 月到广西中医学会讲《伤寒论》治法专题。1982 年 10 月出席由吕炳奎、任应秋主持的中华全国中医学会在河南南阳市召开的仲景学说研讨会，作为主席团成员，在大会上作了《论历代注家对〈伤寒论〉的研究和发展》的演讲。此次会议有矢数道明带领的日本汉方医学代表团参加，改变了此前日本人认为中国已无人研究和应用仲景学术的看法。同年 10 月末出席在南京举行的由卫生部副部长胡熙明主持的全国高等中医院校教材编审会，应卫生部聘请，担任高等医药院校中医专业教材编审委员会委员。作为全国第四版《中医各家学说》统编教材编委，撰写其中《伤寒学派》一章。1983 年 4 月，应中医研究院研究生部邀请讲《伤寒论》中的营卫不和等专题，时任该部主任的方药中说："邀请讲师为我部研究生讲专题，阁下是破例。"当年 5 月，郭子光晋升为副教授；6 月又应中国人民解放军总后勤部卫生部邀请，为全军中医《伤寒论》学习提高班讲授了伤寒专题。1984 年受聘为四川省卫生厅医学科学技术评审委员会委员；当年 3 月在四川省政府主持召开的四川省振兴中医大会上作《中医学在国外的历史与现状》的特别演讲；12 月出席中华全国中医学会在北京召开的"2000 年的中国"论证会，在大会上作《论中医学术的创新与突破》专题演讲。该文载入《2000 年的中国研究资料》第 60 集，此资料是 1985 年出版的。

为了扩大仲景学术研究的影响和临床应用价值，1985年，郭子光主持了在成都召开的联省仲景学术讨论会。来自20余省市的专家济济一堂，盛况空前，把仲景学术的研究推向深入。1986年9月，郭子光又主持四川省仲景学术研究会筹备会的成立，率先在全国成立仲景学术研究专业委员会，随后在中华全国中医学会四川分会第三次代表大会上当选为常务理事，同时兼任四川省仲景学说专业委员会主任委员。

郭子光在临床上非常重视对六经理法的发扬和使用。兹举几例。

（一）少阴可格阳于下。他在1994年4月治一位余姓80岁的患者。患者自述下肢灼热如火燎，因在某大医院住院治疗无效而来诊。审其病乃冠心病时发心房颤动已十余年，目前头晕心悸、心慌心烦，时有心前区隐痛，气短甚，小便短黄，大便三日未解，腹胀满，口燥咽干不欲饮。察其形体枯瘦而浮肿，面色苍暗，神志较清，萎顿懒言，语音低微而断续，两足高度浮肿至膝以上，按之凹陷久久不起，触之不凉，右胁下痞块（肝大），舌质光剥无苔少津而紫，脉微细而疾、参伍不调，呈雀啄之象。如此严重的心衰病人，显示中医少阴气阴衰竭而有格阳之状，但其格阳之势并非《伤寒论》提到的向上向外的情况。郭子光指出，由于少阴本热标阴，本标异气，其病理反应有从标从本之寒化与热化两类。但仲景只在少阴寒化证中提出阴盛格阳证共两条，自此只有阳虚阴盛才出现格阳证，只有辛温通阳法才治疗格阳证就似乎已成千古定律。他提出，“其实少阴热化证亦有格阳证，不仅有格阳于外、格阳于上，也有像本例一样格阳于下证”。他观察到在慢性心功不全的过程中所形成的格阳证，其寒化证与热化证都有严重浊水停聚的共同特点。他引用叶天士“通阳不在温，而在利小便”为据，佐以辛温通阳或益气滋阴而收卓然之效。此说补充了前人之未备。

（二）辨阳明初期之恶寒。阳明初感外邪，阳气内郁，邪热尚未发散，也有一时性不发热而恶寒者，或发热恶寒兼见者。此即仲景 184 条所说的“始虽恶寒，二日自止，此为阳明病也”。临证辨太阳表证之恶寒与阳明初期之恶寒，常是临床上经常遇到的棘手问题。辨治有误可致变证蜂起。而清代柯韵伯提出的“本经受病之初，其恶寒虽与太阳相同，而无头项强痛为可辨”，若用之临床，则常与实际情况并不符合。郭子光通过长期临床观察指出，属阳明病初期者，必具下述三条之中的任何二条：第一，热势高；第二，烦躁、脉滑；第三，亡津液。典型病例如刘某，女，74 岁，1977 年 6 月 2 日初诊。患者两周前因腹痛就诊于省立某医院，疑为胰腺炎、胆道感染，用抗生素和中药等治疗 10 余日后，腹痛有所缓解。突于今日午后4时许，恶寒发热，自测体温高达39.6℃，自服解热止痛片后汗出，但体温下降不到一小时，又复升至39.2℃。初诊印象为里有气郁，复遭风热外感之证。以银翘散、四逆散合方与服。次日复诊，热势更高，体温已达40℃，汗出，且午后有往来寒热之状，口微渴，心烦躁，已三日未解大便，舌质鲜红，光亮无苔，脉转洪数，腹中隐痛如前状，乃知昨日不识其恶寒为阳明病初起之表现也。其脉滑数为里热盛，舌象更是伤津液之典型，误作表证治更伤津液，故今日热势更高，大有阳明气分之热行将入腑内结之势，且其往来寒热，表明邪热已涉少阳之域，于是乃用重剂白虎加人参、板蓝根、柴胡、枳实，一剂毕功，热去津回。

（三）寒温结合是必然。寒温之争，远始于宋代庞安时及金代刘完素，分庭于清代叶、薛、吴、王诸家，逐渐形成与伤寒对峙的温病学派。郭子光认为，温病从伤寒中独立出来是一大进步，伤寒与温病分流，两个学派的论争，曾经促进中医学的大发展，成就是辉煌的。然而，随着实践经验的积累和认识的深入，近现代不少医家又提出“寒温结合”，对此他从临床实际考虑，认为是必然的。他观察到，临床上寒温并无绝对界限，往往同一疾病寒温互相渗透，或是不同的阶段表现或寒或温。因此，治疗同一种疾病，时而用伤寒法，时而用温病法，时而两者同用的事情是经常发生的。临床需要促使寒温结合，发挥二者之所长，以克服二者之局限，从而达到提高疗效的目的，已成势所必然。

善攻疑难症　术验有特长

郭子光有一套行之有效的临证辨治体系和经验，临床擅长治疗内科诸病，尤其在以中医理论为指导治疗现代疑难病证方面，颇多发挥。这些发挥有的属于探索，有的则具有示范性质，值得记叙。

首先，郭子光的临证可以概括为主张突出中医特色下的“病证结合”、“寒温结合”和“中西结合”进行辨证论治的治疗模式，在对复杂病证的论治中尤须注意掌握治疗节奏。

强调“病证结合”就是突出辨病与辨证相结合的诊疗方式。郭子光认为，对一种疾病来说，“病是其过程的共同性反应，证是其过程的特殊性反应。辨病与辨证相结合，实际就是对疾病过程的一纵一横的认识方法。进而言之，辨病论治是以致病因子或病理损伤为特点，来区分不同疾病并进行处理；辨证论治，则是着眼于机体对致病因子和病理损伤的反应状态，来认识疾病的千变万化并进行处理。二者从不同的视角揭示了疾病发生发展及其诊治规律。二者各自之所长，恰是对方之所短，因此'病证结合'诊疗可以取长补短，相辅相成，无疑是提高诊疗效果的途径，也是中医临床医学发展的方向"。

强调"寒温结合"是伤寒与温病两大流派治疗理念上的融合。郭子光认为，寒温理念的融合结果将推动一个崭新的辨证论治体系的产生。

强调"中西结合"是在我国医学界三支力量并存的特定环境下必然形成的一种医学发展趋势。就内科范围而言，目前中西医结合主要体现在治疗上的取长补短，发挥中西医的优势，克服各自的局限。郭子光指出："目前中西医结合尚处在积累经验的初级阶段，参考西医诊断提供的信息，坚持运用中医理论去分析、判断和采取措施，则疗效更为肯定。现代科学对一些中药疗效原理研究的认识，在辨证论治的范围内加以考虑运用，则很有针对性。此外，在治疗某些疾病中，用西药顿挫病势，用中药减轻其副作用，克服其疗效不稳定、易反复的缺点，帮助其逐步撤除，从而达到治愈的目的，能体现出中西医结合的优越性和必要性。"

1986 年 2 月，郭子光在《中医杂志》上发表了《慢性病证治举要》，对自己临床证治步骤和要点加以研究性总结。此后又经不断完善而形成他临床治疗的八个步骤要领：一是凡有外感先治感；二是气机不疏先治郁；三是运化失司先理脾；四是平调阴阳治原病；五是整体局部善处理；六是无证可辨亦须辨；七是治标药物逐步减；八是西医诊断作参考。在他的临床辨治各种病证过程中，始终是按照这些步骤或原则去做的。尤其在辨治复杂病证时，他善于把握病机，审察情由，分清标本主次，采取先后缓急的步骤遣方用药或采用其他治疗措施，取得了令人满意的疗效，能有效解决许多疑难病证的治疗问题。这成了他的临证特色。

1987年，郭子光被评聘为教授，同时受聘为河南张仲景国医大学名誉教授和《中医杂志》、《实用中医内科杂志》等主要中医学术期刊的特约编辑。他在临床方面的治疗经验已日臻成熟，主要体现在善于发挥中医理论治疗现代内科疑难杂证。兹举数例。

（一）发挥“杂合以治”学说，促进多种慢性疾病康复。这是郭子光1988年记载的一例普通病案，当年8月，一位姓李的61岁男性病人来找他诊治。病人形体丰壮，满面红光，多言语而易冲动，述自己因冠心病心绞痛合并高血压已5年余，现胸前偏左闷痛，心悸气短殊甚，夜尿频繁。去年还曾突患脑血栓形成，经住院治疗后，虽无明显后遗症，但血压高、心绞痛难以控制。出示心电图报告：左室肥厚劳损，频发室性早搏，ST段下移；检测报告：TC（血清总胆固醇）5.8mmol/L，TG（甘油三酯）2.4mmol/L。脉滑数结代，每分钟歇止12～15次之多，舌红，苔白微黄而干。郭子光认为病人高血压心绞痛疗效不好，原因与气虚血瘀、阴虚肝旺的病机没能得到改善有关，而改善这种病机需要在益气化瘀、养阴平肝的基础上杂合以治。治疗方案：黄芪30g，葛根20g，制首乌30g，丹参25g，川芎15g，降香15g，蒲黄10g（包煎），灵脂10g，郁金10g，生地15g，女贞10g，钩藤40g，夏枯草40g，黄芩15g。浓煎，1日1剂，分4次服。三七粉10g，1日，分4次，汤药冲服。坚持散步，清淡饮食（嘱每天吃大蒜两枚），戒酒，并告之保持情绪平静的方法等。病人照此方案每周来换处方一次，治疗三个月后，血压保持正常，心绞痛亦未复发，自扪脉律已一月余未见歇止。于是坚持上述方案变化，方药每周两剂，坚持活动、饮食和情志治疗，随访半年未复发。

郭子光认为，临床上常见的一大批各类慢性疾病，常由多因素所致，多层次受损，具有多种属性的特点，特别是他所擅长治疗的心脑血管病变，往往不是单一疗法或一方一药能毕其功，应当充分发挥《内经》所谓“圣人杂合以治，各得其所宜”治疗方法，方有显著效果。“杂合以治”的方法包括如食药结合、针药结合、情志与药食结合、内治与外治结合、医疗与自疗结合等等，进行多环节、全方位的综合治理，也可称之为综合疗法。

（二）发挥“寒温结合”学说辨治外感高热。1999 年 8 月 27 日，郭子光诊治了一位姓黄的男性教师，52 岁，暑假归来，日前午后突然恶寒发热，自测体温 39.2℃，立即去某医院急诊，诊断为“病毒感染”，当即输注青霉素、柴胡针等，一度汗出热解，次日午后体温又上升，全身酸软乏力。患者略知医道，听说是“病毒感染”，认为还是中医药较好而来求诊。上午 11 时就诊时体温 39.2℃，恶风寒，发热，汗出，头疼身痛，口苦欲呕，咽喉干微痛，口渴喜冷饮，心烦，四肢烦软，两小腿疼痛，饮食尚可，小便正常，大便两日未解。察其体质中等，神志清楚，面色红润，唇红而干，舌质红苔白干，脉浮数。郭子光当时辨证认为乃寒温合邪、三阳合病之患，当寒温合法，三阳并治。用柴胡白虎合银翘羌防，大剂处方，急煎频服，当天夜半病者即汗出身凉，次晨解大便一次，诸症缓解，体温正常。然后稍加调理而愈。

目前像这类因病毒感染导致发热为主的传染性病变似有增多趋势，常常严重危害人体健康，甚至造成人群的恐慌。这类病变常发病急，病程短，传变速，临床可见体温骤升，寒战身热。而高热最易伤耗气阴，甚至炼津为痰，迅速酿成入营血、陷心包、阻心窍的病变。郭子光认为，现今气候变化很大，未至而至、已至未至的情形使得四季不分明，而且人们活动范围大，吃的食物也基本没有四季之分，时下外感发热往往是多因素引起、多层次受累，通常表现为“寒温合邪”、“合病并病”等复杂演变，很少单纯风寒、风热。他早在1991年南阳张仲景国际学术研讨会上就作了《论寒温结合的优越性与必然性》的专题报告，后又在《新中医》上发表《寒温结合治疗疑难病证》文章，介绍了论治这类热病的经验。他总结指出：“治疗要抓住寒温二纲，辨清层次深浅和兼夹因素以论治，阻截传变途径，御邪于三阳之域、卫气之野，以免内陷三阴、亡阴亡阳，或逆传心包、入营入血。具体措施要突出重剂祛邪，服药到位，顾护津液，切勿姑息和妄施补涩。”多年来他运用上述制方精神，辨治大量外感高热病例，大多一剂即热退身凉，诸症缓解，屡试不爽。这种顿挫热势，脉静身凉，与注射柴胡针剂等退热的情况大不一样，后者大汗出，体温降，而往往症状缓解不明显。辨证论治之优点就体现在这些方面。

（三）发挥“肝主疏泄”学说治疗血液病。1990年，郭子光在《中医杂志》上发表了《从肝脾论治慢性特发性血小板减少性紫癜》，在《浙江中医杂志》上发表了《活血凉营治愈出血性血小板增多症》。1992年，他又把这方面的临床经验总结为《以中医肝脾理论为指导治疗几种血病的经验》，在日本广岛日中传统医学交流会上作专题演讲。他认为历来对“肝主疏泄”的认识多言气，少言血，多言气血运行，少言气血质量，指出肝的自身是一整体，其疏泄功能也受其他功能影响，如肝气亢盛，必然疏泄太过，升发过盛，藏血有余，而使白细胞、红细胞、血小板、蛋白等增多。若肝阳虚、肝气弱、肝气郁，则疏泄不及，升发低下，藏血不足，而使血中各种细胞、蛋白等减少。两者都表现为肝的藏血功能紊乱，实则疏泄失调所致。他据此理别开门径，治疗多种血小板、白细胞等血液疾病，疗效满意。

1988年4月，郭子光曾经治疗一男性60岁病人。患者在两年前因突然出血而查出血小板$1200\times10^9/L \sim 1800\times10^9/L$，被确诊为“原发性血小板增多症，骨髓纤维化”，做血液交换三次，除去血小板，并服环磷酰胺、潘生丁、丹参片等，但血小板数仍然持续较高。日查血小板$560\times10^9/L$，乃慕名而来求治。患者除手足麻木、左胁下不适外，余无所苦，形体偏瘦，面色苍暗无华，精神稍差，皮肤无紫斑，扪其左胁下痞块质软。舌质淡，苔白厚有瘀点，脉滑数而弱。饮食、睡眠、二便均正常。由于形证不多，当以微观辨治为主。认定其血小板增多为肝之疏泄太过所致，肝之疏泄太过又是肝热亢盛引起，这从脉滑数得知。胁下痞块则为瘀血积久所致，这从舌有瘀点证明。治以清肝、凉肝，抑其疏泄为主，佐以化瘀法，用清营汤加青黛化裁与服。两月后血小板下降至 260×10^9/L。后因郭子光出差而患者就诊于另一医生，以其面色、舌象为据认为气血两虚，乃双补气血，用黄芪、党参、当归、枸杞子、阿胶、鸡血藤、白术、大枣之类，服 10 余剂，血小板又上升至 500×10^9/L，而其脉症与初诊无异。郭子光回诊后仍守初诊方加牡蛎 20g，鳖甲 20g 以软坚缩脾。此后，每半月复诊一次，服药一月左右，其血小板降至正常范围，脾脏缩小 2 厘米。后经 6 年间断性服药并随访，血小板 244×10^9/L，脾大复原，舌苔清洁红活，脉沉滑，一般情况良好。

而对血小板减少的病人，郭子光的治疗方

法往往刚好相反。他在1989年2月治疗一位女性患者，37岁，自诉被诊为“特发性血小板减少性紫癜”已数年，曾住院治疗数次，用激素、长春新碱等治疗有效，但疗效不巩固，往往随着西药用量减少或撤除，血小板亦随之下降，各种出血现象及皮肤紫癜相继出现。就诊之时血小板21×10^9/L，四肢散在性紫癜，牙龈出血，月经量多，手足心热，舌红无苔，脉细数。给予补肝、养肝20余剂，血小板升至82×10^9/L，诸症悉解。后因感冒停服本方，在某院用多种西药及注射青霉素等后，血小板骤降至18×10^9/L，出血症状加剧，皮肤紫癜满布而又来诊治，其余表现如同前述。郭子光仍然认定其血小板减少为肝之疏泄不及、生发低下所致，疏泄不及是因其肝阴虚、肝血弱之故，这从其手足心热、口干不思饮，以及舌象、脉象得到证明。仍治以补肝血、益肝气、养肝阴，促进其疏泄与生发之功能为主，兼以补脾、活血止血，旨在迅速提升血小板，以防瘀阻神窍之虞。处方：黄芪 30g，制何首乌 30g，鸡血藤 30g，阿胶 12g（化），枸杞子 15g，女贞子 15g，旱莲草 15g，党参 30g，山药 20g，大枣 40g，丹参 15g，三七粉 10g（冲），仙鹤草 25g，藕节 25g。浓煎，每日 1 剂。患者坚持服用上方，未加服任何西药。服药 3 剂后瘀斑开始消退，出血大减，服药一周，查血小板升至 $53\times10^9/L$。服药 20 天血小板升至 $95\times10^9/L$，紫癜全消，未见出血。如此巩固治疗，约一年左右才停药，再半年后未见反复。

郭子光以肝主疏泄、脾主统血理论治疗大量血小板减少性紫癜，提升血小板数量的疗效迅速而肯定。但本病容易反复，所以不宜突然中止服药，要在稳定疗效的基础上，逐步减药，愈慢愈易成功。对正在服用激素的病人，以中药逐步减除激素，然后再逐步减除中药，过程要更长些。对营热瘀滞者，适当加凉营活血药。

对多年不愈的顽固表现为肝阳衰弱、肾精不足者，治当温补肝阳以促疏泄，充填肾精使精能化血。

（四）发挥“攻邪已病”学说治癌症。不少人认为诊断成癌症就等于下了“死亡通知书”，所以人们谈癌色变，恐癌成风。1993 年的 2 月上旬，53 岁的男性刘某出差深圳，因突发咳嗽，痰中带血而被查出肺癌；半月后回成都，经病理学检查等被确诊。于是医生、家属、单位领导都积极动员患者住院放化疗，以免延误。但患者认为，多少伟人也都因癌致死，即使能得到世界上最先进的治疗手段也无济于事，而我又算得了什么？人难免一死，何必化疗放疗受苦而苟延时日呢？于是决定请中医诊治，或置之死地而后生也未可知。如此一想，其心理反而平静如常。于是延某中医治疗一月余，所服尽皆扶正固本、大补气血、兼抗癌之类中药，然病情非但毫无改善，反增胸闷困倦。乃经友人介绍转请郭子光诊治。

郭子光曾治疗过不少各类癌症患者，他根据自己的临证经验，又查阅了多种文献资料，感觉以补为主，以抗癌中药为辅的通常的中医治癌方法不仅疗效不好，有的反而促使癌细胞生长迅速而很快转移。有的患者虚象突出，用补只能适得其反，不能延长生存期或达到改善体质的目的。种种沉痛教训引起他的深入思考，认为治疗癌症还是以张从正“攻邪已病”学说无邪无积方可议补为上策，攻去一分癌邪，则保住一分正气，故攻逐癌邪当贯穿整个治疗过程的始终。

他分析本例病人脾胃好，心理平静，脉沉细缓弱，提示预后当较好。查其证乃痰热壅滞，郁久化热，实多虚少，遂以“攻邪已病”学说为指导，拟苦辛通降、逐痰清肺法治之，并辅以食疗、按摩以观其效。处方：黄芪 40g，全瓜蒌 15g，法半夏 15g，黄连 10g，苇茎 40g，薏苡仁30g，冬瓜仁20g，桃仁15g，橘络10g，浓煎，一日一剂，3～4次分服。嘱家属进行胸背部按摩：以手掌紧贴患者胸背部，顺、逆时针按摩36次，一日两次，以利气降痰，促进气道通畅。每日早晚用苡仁、大枣各20g，百合、莲米各15g，煮粥食；每半月至20天复诊1次。患者服药后，症状逐渐缓解，但仍继续服药。从9月6日开始患者已能上半天班，到了12月10日，患者面色红润，精神、体力已如常人。继续服药到1994年2月3日，去原医院CT复查，报告与前片（1993年4月）比较，右肺和左肺各部实变影及结节影已消失，未见肿块。为避免损伤，患者未作活检。若非有原检查资料，该院主治医师简直不能相信此人曾患癌症。十年后随访，未再复发。

郭子光治疗癌症遣方用药强调三点：一是用药平正，忌剧攻，克伐生气。二是疏通气机，畅通管道，逐邪外出。（他认为凡脏腑器官有管道通于外者，癌邪有出路，攻逐癌邪，使之不断排出体外，可收满意效果。他曾治一例双肾及膀胱癌，治疗中病人不断排出肉样物质，存活 4 年多。）三是保护脾胃健运。他治疗过不少已作手术或放疗化疗的癌症病人，观察到这些人多气阴亏虚，或湿热内盛，脾胃困顿夹瘀滞，通过中医诊治疗程，改善病状，效果很好。

（五）发挥“脏为阴，腑为阳”学说治疗泌尿系结石。1994 年 1 月，郭子光在《成都中医学院学报》上发表了《我治疗泌尿系结石的几点经验》，论述他根据中医“脏为阴，腑为阳”的学说，发挥性地用于治疗泌尿系结石，取得显著效果。指出结石之在脏者，因脏属阴，多从寒化；而结石之在腑者，因腑属阳，多从热化。据此遣方用药，对治疗结石病，尤其是治疗无症状结石颇有启迪。

1988 年 7 月，郭子光曾治疗一位姓车的青年男性。患者查出左侧输尿管上段有 0.6cm×

0.8cm 大小的结石，自觉无任何痛苦，小便正常，体质壮实，舌正脉平。中医属“无证可辨”，乃据其结石不在脏中，而在腑属阳，拟清热利湿、行气化瘀法，方用四金汤合芍甘汤加味，并嘱其配合饮水、跳跃运动等辅助治疗。患者共服药 20 余剂，尿中排出砂石状物，后经两次 B 超检查，输尿管、膀胱未发现异常。1990 年 3 月，郭子光治疗另一例结石患者，其左肾下盏结石 0.8cm。投以四金汤合芍药汤之类乏效，乃改以温肾阳为主，兼以活血、利湿、通淋为辅治之。患者服药一周后，分两次排出结石。

（六）发挥“久病入络”学说治疗神经痛和顽固性喘咳症。叶天士“久病入络”学说是对瘀血学说的发展。郭子光在临床治疗中对此说亦深有体会。他于 1993 年在《中医药时代》发表了《虫类通络法治疗神经痛六十七例报告》，指出“久病入络”的证候至少具有下述三个特点：第一，病久顽固不愈；第二，有固定的疼痛部位或包块，或较为固定的症状或发作性症状；第三，一般活血化瘀和缓解症状的药物无效或效果不明显。如见有第一个，加上第二三个中任何一项，即应考虑患有络病的可能。如按法治疗，对多病种出现的络病都有明显效果。

一位姓马的患者三叉神经痛已5年，中西医多方治疗乏效，连说话、吃饭等稍牵动面部都会引起疼痛发作，常在深夜中被痛醒，十分痛苦。1993年2月患者前来求治，郭子光辨之属络脉瘀滞、郁久化热伤阴之证，用全蝎、地龙、僵蚕等组成自拟“通络方”，合养肝柔筋之芍甘汤，酌加清热之品。服药1剂，患者疼痛锐减；服药5剂而发作中止。间断服药8剂后，半年未见复发。

1992年10月，郭子光治疗另一李姓患者。其人属坐骨神经痛，呈持续性疼痛阵发性加剧，针刺样剧痛难忍，亦是久治不愈。察其面色萎黄，形瘦神疲，舌瘦红，少苔乏津，脉弦细略数，辨为络脉瘀滞、筋脉失养之证。用上述自拟通络方加减以体现通络、养肝、柔肝、止痛之旨。服药一次，患者当晚疼痛缓解；服药3剂，疼痛大减。乃加强养血柔筋善后。随访一年余未复发。

郭子光对久治不愈的慢性支气管炎、支气管哮喘也常用到通络法。1988年7月，一位68岁的男性老年慢性支气管炎患者前来求治，自诉十余年来，每于咳嗽气逆之际，即昏倒不省人事，一月发作数次，或数月发作一次。近月来，咳嗽、气逆而昏倒，一天有数次之多。其咳呈痉挛性连续频咳，以致颜面通红，气逆不转，随即昏倒，历时数分钟至十余分钟，气息平缓方才慢慢苏醒，吐少量稠痰。郭子光察其形体丰壮，唇甲略紫，苔白滑，脉弦滑，余无异常，辨为风痰入络，引起一时性气机升降失调所致。乃以上述通络方为基础，加豁痰降气之品，3 剂症状大减，再加用调理肝脾之品，杜绝生痰之源。追访四年，未见再发痉挛咳逆昏倒之象。

（七）发挥“解毒攻邪”学说治疗过敏性病症。1985 年 5 月，郭子光在《浙江中医杂志》发表《漫谈“毒”的概念》一文，诠释了《黄帝内经》、《金匮要略》以及王叔和、巢元方、刘完素、张从正、吴有性、戴天章等论中医“毒”的概念，指出“毒”不是一种特定的病因，而是各种病因的产物，故寒邪成毒称寒毒、温邪成毒称温毒、热邪成毒称热毒、风邪成毒称风毒、湿邪成毒称湿毒，还有蛊毒、虫毒、痢毒、疟毒、药毒、食毒等等。而从阴阳性质来分，又有阴毒、阳毒之别。由于“毒”的性质和侵袭的部位不同，所以解毒的方法是多种多样的，有清热解毒法、辛温散毒法、苦寒泄毒法、利湿祛毒法、涌吐排毒法种种。故不能把“毒”仅仅理解为热毒，而视解毒法只有清热解毒一端。他说："凡邪气成毒，最忌闭郁。毒气闭郁，极易内陷，形成血为毒滞、气为血阻的厥逆危候。所以解毒之要，在于'开泄'祛毒。"

郭子光经多年观察认识到，一些过敏性疾病，如过敏性荨麻疹、皮炎，过敏性鼻炎，以及某些昆虫咬伤等，多是风邪化毒蕴于肌肤所致，治当开泄皮毛以散毒。其从寒化者，以辛温散毒；从热化者，以辛凉解毒。但总以祛风为主，使邪毒从皮毛发泄，可获满意疗效。

郭子光在1974年春下乡巡回医疗时遇到这样一件事：当地卫生员张某夜半熟睡间，忽被蜘蛛叮咬上眼皮而惊醒，初觉眼皮微痒痛，渐次肿起，至天明，整个头颈部均高度浮肿，以致头颈难分，口眼难开，不能进食，浮肿已扩展至胸部，众人无不惊异。郭子光为其诊治，观察到其面肿甚，而皮色淡白，胸部浮肿，而呼吸平匀，不烦不躁，神志清楚，小便通利，脉浮缓，故断其为“风毒”，盖“风善行而数变”也。然其病势虽剧猛，但其毒气未干脏腑，故当速用辛温散毒法，使毒气从表而解。乃处以麻黄、白芷、防风、蝉蜕、僵蚕、牛蒡子、菊花、连翘、生甘草等，急煎频服。当晚十时许，已服完1剂，肿势顿挫，口能微开，可进软食，皮肤表面出现粟状小丘疹，微有痒感，是毒气外泄之征。服两剂，浮肿消退而愈。

（八）辨治蛋白尿重在虚与实。自宋代钱乙在《小儿药证直诀》中提出“肾主虚，无实也”的论点后，明、清医家多宗其说，辨治肾病多是从虚立论。近50年来的一些权威性教材、专著中，也几乎一律推行“肾无实证”之说。这种认识必然反映在临床和科研上，尤其是对慢性肾脏疾病如慢性肾炎之类，从虚论治，自属情理之中。郭子光从经治的慢性肾炎、肾移植性慢性排异反应等疾病中，从中医的角度体会到，这类疾病大都是多因素所致，多层次受累，多属性表现，有纯实证、纯虚证和虚实夹杂证的不同，要消除持续存在的蛋白尿，促进肾功能恢复，必须以辨证论治为指导，关键在于辨清实与虚，分别施治。实实虚虚，不仅无效，有的还会加重病情。他在《成都中医药大学学报》2000年第二期上发表了《辨治蛋白尿重在虚与实》一文，以文献和实证为据，驳斥了“肾无实证”之说，力纠长期以来对慢性肾炎等导致的蛋白尿皆从虚治的偏见，以提高本病的疗效。

蛋白尿之“实”指邪气实，常见的实邪有湿热、湿浊、风湿、瘀滞等。如郭子光在1999年4月治疗一位姓聂的患者，属于肾移植慢性排异反应，查尿比重1.010，尿蛋白（++），尿胆原（+），白细胞3～5/HP，西医用环孢素A、雷公藤制剂、降压降黏药等治疗，病情未见好转。郭子光辨证认为属风湿热浊之邪下注，郁久引起全身脉络瘀滞，三焦气机升降不利，纯属实证，补则偾事。治以升清降浊，祛风通利，芳化湿浊，兼清热活血，用升降散、二妙散、藿朴夏苓汤化裁。经治月余而诸症出现缓解，再逐次加入化瘀通络的水蛭等，治疗至8月，查尿比重1.015，尿蛋白、尿胆原等全部阴性。追踪观察一年无反复。

所谓“虚”指正气虚。在慢性肾脏疾病存在蛋白尿时，又常见脾（气）肾阳虚和肝肾阴虚二型。在慢性肾炎中，脾肾阳虚多见于肾病型，肝肾阴虚多见于普通型。1964年3月，郭子光治疗一例李姓患者，反复浮肿两年半，经中西医治疗后，全身浮肿尽消，唯尿中蛋白始终在（＋＋）以上，因而转入针对蛋白尿的辨治。病人面色皖白，精神不振，舌质淡，苔白润，脉沉弱。郭子光辨为脾肾阳虚之证，其证属虚实夹杂转为纯虚无实。用补中益气汤合金匮肾气丸加味，治疗一月余而化验检查：肾功能恢复，尿蛋白阴性。上方略事加减再服3个月后，只服金匮肾气丸，追踪观察一年余，各项指标均正常，堪称治愈。

至于蛋白尿虚实夹杂证，为慢性肾脏疾病多见证候。有的在由实转虚过程中，实中夹虚，而以实证为主；有的无症状性蛋白尿，一旦发现就已是虚中夹实，以虚证为主了；也有虚实并重者。及至晚期多表现为正气虚极，邪气亢盛，以致攻补两难而至死亡。治疗之要在于辨清虚实消长，根据主次缓急、虚实兼顾的原则遣方用药。实中夹虚者，以攻邪为主兼顾其虚；虚中夹实者，补虚为主辅以攻邪；虚实并重者，则虚实并举，双管齐下。总之，只有虚实两者不偏废，才能在蛋白尿的辨治中收到较为理想的疗效。

在近60年的临床中，郭子光善于创造性地发挥中医理论优势，以深厚的学术功底，治愈了大量临床疑难病症，其颇具特色的临床建树，深受病人好评。一位来自大竹县医院的西医师，因慢性肾炎而在郭子光处按肺肾两虚、肾气不化、湿浊瘀滞、久病入络予以治疗，一切指标转阴之后，他由衷地感叹道：“不愧为大师！中医真神奇！”

改革旧教材　开拓新学科

郭子光忠实于中医教育事业，讲授过中医内科、伤寒、各家学说和养生康复等课程。针对不同层次的教学对象，他认真组织教学内容，因材施教，取得了良好的效果，受到学生普遍的赞扬，学生甚至说："听郭老师的课是一种享受。"然而，郭子光深知，取得如此好的成绩，关键是他补充了大量理论联系实际的内容，弥补了现有教材的缺陷，而不是仅仅靠什么特殊的教学方法。

1982 年后，学校把郭子光抽调到中医各家学说教研室以加强教研力量。他深究历代医家成才特点，指出历代著名医家都是医德高尚者，从而注重在教书育人中寓德育于智育。同时，他也是一位积极的中医教育改革家。他认为提高中医教学质量，关键是改革现有教材的内容。他指出，作为中医专业后期提高性课程的《中医各家学说》统编教材，对著名医家的选择止于我国清代，拒绝后世中外医家的发挥与发展，这是狭隘的继承与封闭式的教材，其结果是对许多具有丰富内涵的学说，只有只言片语的叙述，把已经形成系统的学说，弄得支离破碎。他举例说，张景岳提出“引火归原”学说，后世张锡纯在具体运用中有很大的发挥，而现代对这一独特理论有更丰富的积累，可教材中只提到张景岳而已。又如由李东垣提出的脾胃学说，经后世众多医家的补充与发挥而臻于完善，而教材则将其内容零碎地分散在各个医家的学术成就之中，不能给学生系统的概念，更没有现代学者对脾胃的实验研究与临床研究的崭新内容。现有教材还忽视了中医学在国外的发展。

中医学流传日、韩等国已有一千多年历史，也形成了不同的学说、学派，其中不乏独到之处，正是这门教材应当包括的内容。还有，近现代的一些著名医家，如蒲辅周、秦伯未、岳美中等，他们在某些方面的成就实际上超过了清代以前的某些医家，由于教材的保守而不予入选，不能不说是一种缺陷。

在 1986 年于兰州召开的西南西北片区高等中医院校教育工作会上，郭子光提出了《中医各家学说》教材改革方案，获得与会者一致赞同，推选他主编本学科西南西北片区高等中医院校试用教材。他欣然接受，本着在继承的基础上着重发展的方针，提出“全面、系统、独特、实用”的编写原则，在充分吸取历版教材长处的基础上，进行大量的改革，以丰富和更新教材内容。所谓“全面”是指教材内容包括古今中外著名医家的学术经验及后世的发挥和现代研究。所以其中除选取了冉雪峰、蒲辅周、章次公、秦伯未、岳美中等现代著名医家外，还选取了日本的吉益东洞、大冢敬节及其气血水学说等。“系统”是指教材对主要学说、学派进行专题论述，源流并重，既叙述倡导者的基本观点，又介绍后世的不断发展和现代研究，以便学生系统而完整地了解。“独特”是指教材内容除必要的联系外，主要编写各个医家独特的学术经验，而为其他学科所没有包括进去者，有多少写多少，以避免重复。“实用”是指教材内容力求学术观点与临证应用紧密结合，有论有案有方，学以致用。如此改革，使这门教材由封闭式变为开放式，以发展的观点代替狭隘的继承，因而具有相当的深度和广度，面目为之一新，真正起到一门“后期提高性课程”的作用。使用本教材的各校一致反映良好。

中医各家学说研究的一个重要问题就是对历代医家学术流派的划分。2005 年，郭子光在

《中国中医药报》上发表了《关于中医学术流派的评析》一文，反映了他几十年来对各家流派学术思想的研究状况。他认为，中医史上影响深远的伤寒、河间、易水、攻邪、丹溪、温补、温病七大学派是中医学术发展的主流，互相启发、补充与完善，客观上推动了中医学术的不断发展。但随着外在学术环境的变化和中医学术传授方式（教育）的改变，导致了中医学术领域现实存在的三大流派：经典派、现代派和结合派。

经典派者主张纯正的中医学术传承。认为中医学不仅有经验，而且是成熟的完整的科学体系。结合派则承认中医学与西医学是两种不同的学科体系，但研究的都是人体生命、疾病和防治，既然研究的对象相同，要达到的目的相同，就存在着结合的可能。其目的是以提高疗效为核心，逐步促使中西医学有机结合，形成新理论体系。现代派则认为中医学历经千年不衰，在科学技术迅猛发展的今天，仍然闪耀着光芒，其中最根本的原因，就是不断现代化的结果，只不过不同的时代有着不同的内涵而已。今天的中医现代派强调科研项目要以中医为出发点与归宿，凡是不能回归中医学术体系的研究成果，都不能算是中医成果。现代派在临床上主张“病证结合”诊疗，即采用西医病名，进行中医辨证论治和疗效观察。现代派与结合派在临床上都主张“病证结合”，其不同之处在于，前者只是在“辨证”上采取病证结合，在“论治”上则坚持运用中医理法方药进行治疗，不用西法西药。

这些新学派的兴起有其客观必然性，在学术上各有特点、优点和误区。它们各自发挥，多少年后，殊途同归，必然形成后现代科学的医学形态，而对人类健康作出卓越贡献。郭子光同时指出：“中医学术领域三大新兴学术流派的形成，表明中医由封闭半封闭状态，走向了百花齐放、百家争鸣的科学春天。”

康复医学的兴起标志着生物医学模式向生物-心理-社会医学模式的转化，是现代医学的高层次发展。郭子光发现，康复其实也是中医学一贯的思想。中医学有关康复的内容十分丰富，但尚未形成一门具有特定范围与目标的学科体系加以应用。于是，他从1980年开始，不惮艰辛，沉潜涵泳，广泛收集古今文献资料，把有关中医康复的零零碎碎的经验、认识，提高到学科体系的高度进行系统化、条理化整理和研究，作为第一作者编著《中医康复学》一书，于1986年出版问世，从而在全国率先开掘中医康复学科。该书亦荣获1987年度西南西北地区优秀图书一等奖。

为了普及和宣传中医康复医学思想，1988年，郭子光参编了《常见疾病康复指南五百问》一书。1991年11月，他又出席在北京召开的第二届全国传统康复医学学术会议，在会上作

《中医康复学术的历史、现状与发展前景》演讲，被选为中国康复医学会中西医结合专业委员会委员。1992 年 8 月，他出席在北京召开的中国康复医学会第二届全国会员代表大会，在大会作《略论中医康复学的发展方向》的演讲，受到与会代表的关注。1994 年春季，他出席在深圳召开的由杨维益等主持的中国残疾人康复专业委员会成立大会，在大会上作题为《以康复的意义消除误区，开掘前进》的报告，此文载入《中医康复新治疗荟萃》，由人民卫生出版社出版。有鉴于他在康复领域内作出的努力和贡献，1994 年春他被选为四川省康复医学会副会长；2009 年获得四川省康复医学会颁发的“学科发展杰出贡献奖”。

郭子光在他的系列论著、论文和演讲中，所提出的核心思想就是创立“现代中医康复学”的框架构想。他指出：“中医的一些古籍虽然使用过‘康复’一词，但其内涵很局限，不能与现代的康复概念等同，发展中医康复医学实际上是一种创新。”他特别注意纠正中医康复学科发展中的三个误区：一曰“中医无康复”，二曰“养生即康复”，三曰“中医康复即针灸、按摩、气功而已”。他指出：“用康复的思想去开掘中医学潜藏的内涵，是最大限度地挖掘中医发展潜力的重要途径。”

郭子光根据当前的社会需要和我国具体的学术环境，提出中医应以创立“现代中医康复医学”为目标，并提出如下设想：一是要体现“现代”特征。包括采用现代医学病名，采取现代康复医学的目标与评价，吸取现代康复疗法的技术、设备。二是体现“中医”特色，以中医理论为指导，至少是在运用中医康复方法时应该如此；在康复医疗中以中医辨证方法为主，也要满足现代康复医学评价的需要。三是属于“康复医学”范围。应突出中医优势，即以功能障碍为主，对需要实施手术康复或涉及康复工程技术的病种，暂不列入服务范围。只有这样，以康复为目标采取综合性的中医康复措施，内治与外治结合，才能充分发挥中医临床的优势。

养生创新说　与时同进步

郭子光已79岁了，仍然坚持临床和指导学生，精力充沛，思维活跃。如果你在天气晴朗的早晨去空气清新的公园，在花前树下，都可能碰到慈祥的他正在那里练习八段锦和自编的一些养生体操，你就会明白他这种良好的身体状况与他长期探索和躬身实践中医养生理论与方法是分不开的。

1957年，郭子光在《福建中医药》杂志上发表了自己的第一篇论文——《对〈内经〉中有关生长老死论述的体会》。从那以后，他在养生方面陆续发表了《中医长寿学说之探讨》、《中医养生康复几个问题的探讨》、《养生学的中西比观》等系列养生论文。他常说，“养生理论是中医学内容中最精华的部分”。2005年，又指导弟子刘杨将他的养生体会结合中医理念，写成《中医养生学概论》一书出版。

郭子光说：“养生之道，延年益寿，是人类永恒的追求。”古今养生著作不下数百种，揭示人类寿夭衰老的奥秘，探寻延年益寿的方法，已有相当宏富的积累。然而，人类能到耄耋之年而葆青春者，仍是寥若晨星，表明此道尚有很大的探索空间。传统养生的概念、原则与丰富内涵，闪烁着无穷的智慧之光，尚有很大的发掘价值。

郭子光的养生理念就是在遵从传统养生原则和方法的基础上，加以新的发挥和创意。他提出根据《内经》五神藏的观点及对衰老过程的经典论述，结合生活实践制订出中医心理衰老分级分度标准。他指出，养生当以神形精气为主轴，把养生的内容概括为下述几项原则：

一是未衰先养、未病先防；二是着眼整体，顺应自然；三是精气神形，杂合以养；四是调养形神，动静结合；五是辨证施养，以平为期。

郭子光从长期的体验中感悟到：养生之重还在全神。全神即心理调适，即古人所言“正思虑以养神”。他的一生都在实践着下述四对“有”字：有追求才有活力，有宽恕才有平静，有爱心才有成全，有恒心才有成果。他常为省市一些领导诊治，因他们大多是因过度劳心而心神不养致病，故处方多以滋肾养心、交通水火之药，再配质重之品，使之服后达到神静，神静则阴生，心血因之得养而取得较好疗效。

1994年，郭子光在韩国《医林》杂志上发表了《养生学的中西比观》一文，把中西两种医学在养生理论和方法上的异同作了较为详尽的对比，指出二者产生异同的根源在于各自的文化传统与思维方式不同。首先是哲学原则与方法论有差别，其次就是对寿夭原因有不同的认识。在养生方法上，中医强调养生之道，修德为先；西医学者也重视恶劣情绪对健康长寿的影响，但没有提升到修养德性的高度。中医重视顺应自然，人与天调；西医学也创立了时间生物学，但还没有具体运用到延缓衰老上来。中医运用抗衰方药，要因人而异；而西医学总是企图找出单一的抗衰老特效药，结果是疗效皆不肯定。此外，特殊的养生方法如气功、导引、针灸、推拿等，则是中医特有，西方所无。他试图通过养生学的中西比较，不仅揭示其不同，还认为二者互补也许会相得益彰。

随着改革开放，国门大开，人们的精神意识在变，价值观念在变。但郭子光仍安之若素，埋头笔耕，在国内外发表或出版大量论文、著作。他的目光随着时代的进步不断关注着中医事业的发展和国际交流。

1985年以来，郭子光曾先后四次应日本汉方医界邀请东渡讲学、交流、考察。1995年，他又应韩国韩医界邀请去汉城（现首尔）、釜山等地交流、访问。同时，他先后在日、韩等国发表学术性论文十余篇。他在这些相关的交流中充分展现了中国中医学的理论与临床优势，获得好评。

郭子光注意到以中医学为母体的日本汉方医学和韩国韩医学的形成与特点，认为它们是中医学的不同学派，而又存在显著差别。他认为，中国中医学是以辨证论治为特点的主流派，而以“方证相对”为特点的日本汉方医学和以“四象医学”为基础的韩医学，则是中医学的两大分支学派，其中也包含丰富的经验和独到之处。

1989年，郭子光主编出版了《日本汉方医学精华》一书，这是50年以来系统介绍日本汉方医学的唯一专著。他不时提醒同仁，“科学无国界，能容则大”。次年，日本汉方医学家矢数道明博士发表专文，高度评价此书。

为达到中日传统医学长期交流与合作的目的，郭子光促成多起交流关系的建立。如与日本广岛建立起每年一度交流的关系，为一批中年中医提供了走出国门交流和了解汉方医学的机会。这一中日学术交流形式至今已成功地举办了20届。又如，促成日本广岛济生病院与乐山市中医院互结姊妹医院关系，交流技术与设备。他约请日本汉方医家小川新、十河孝博等，共同编著《现代中医治疗学》，以推进中医学的发展。他还把韩国韩医学元老裴元植教授等请到国内讲学，沟通中韩医学交流的渠道；同时与美国、德国、加拿大、新加坡等国家的中医相互交往，为促成中医学的国际化竭尽全力。

近些年来，郭子光虽因年事已高，多次谢绝日、韩等国家同行做学术访问的邀请，但每年都有一些来自世界各地学习中医的人来成都请教他，或做一些学术性的访问与交流。郭子光作为中医国际学术交流的使者，继续发挥着良好的作用。

中医现代化　全神勤耕耘

郭子光敏锐地看到，近几十年来，现代科技的飞速发展和社会需要的日益改变，使得中医逐步处于“学术危机状态”。如中医存在“无证可辨”等问题，意味着中医固有的理论不能解释新发现的某些事实，不能适应某些方面的社会需要。他认为，任何一门学科都是在不断地克服自身危机中发展的。自 1987 年开始，他先后在《光明日报》上发表《中医学术历史上三次突破的启示》，在《中国医药报》上发表《发挥中医临床优势的途径》，在《新中医》上发表《略论中医学术发展的历史经验与继续发展的途径》等文章，并以《论中医学术的创新与突破》为题，在北京“全国2000年中医发展战略会”上作报告，揭示和探索克服危机的途径。

他还针对“病证结合”的问题进行了反复思考与论证。他1992年在《中医药时代》上发表《三种倾向对中医辨证论治体系的影响》，1995年在《山东中医杂志》上发表《论中医学术发展的大趋势》等文章，认为自然而然出现的“病证结合”诊疗方法，在逐步克服“无证可辨”，适应社会需要的同时，大大提高了中医疗效，促使传统中医朝现代化方向发展已成必然趋势。中医辨证论治的优势，也只有在“病证结合”诊疗中，才可能得到充分发挥。

为总结时代的新经验、新认识，促进中医现代化趋势的发展，郭子光约请中、日、韩各科临床专家70余位，共同编著《现代中医治疗学》，并任第一主编。他确定编写方针，设计编写内容与体例，撰写样稿和部分稿件。书稿中涉及的一个个病种都由他审定，最后由他统稿。全国各地给编委们发来的近千封信件，他都一一亲自回复。这部“八五”重点医学图书，洋洋 180 万言，包括 460 个病种，历时五年，稿经四易而成，其中凝聚着郭子光的睿智与不凡的毅力。此书 1995 年出版问世后，颇受读者好评。王琦认为此书“新颖实用，与时代同步”，“堪称一部中医各科医生必备的大型临床治疗性工具书”。陶广正等更评价其具有里程碑意义。此书要求高，难度大，能在当时条件下以民办形式集中数十位中外专家的智慧与经验，又归于一致，着实难能可贵，体现出主编高超的组织才能和大家风范。此书于 1996 年荣获第六届西南西北地区优秀科技图书一等奖，1997 年获得四川省政府科技进步二等奖。该书出版后供不应求，远销港、澳、台地区，东南亚及日、韩、美等国。2002 年，郭子光再次约请专家近百人，对原书进行修订，增补病种到500种。修订出版的《现代中医治疗学》也多次印刷而广受欢迎。

郭子光在中医现代化发展战略方面做了许多工作，写下了大量的文章和著作。他认为，中医现代化是历史的必然。中医之所以历数千年而不衰，原因很多，但最主要的就是不断地现代化的结果，只不过现代化的内涵在不同时代有不同的特点而已。张仲景、金元四大家、叶天士等，他们鼎新革故的成就，就是当时的现代化，使得中医学与其所处时代的需要同步发展。

今天的中医现代化是以中医临床医学为先导，以“病证结合”为主线的诊疗体系，带动中医学各个领域向现代化发展。“病证结合”扩大了中医辨证的视野，充分发掘了中医的治疗潜力，拓宽了中医临床适应范围，提高了中医疗效和疗效的确定性。

近年，郭子光又提出“提高中医疗效”的四个途径：一是坚持“病证结合”诊疗；二是要采取“杂合以治”的措施；三是避免分科太细；四是科研要以提高疗效为目标，一个病一个病地进行总结、研究、提高。首先要确定疗效，继之是提高疗效，找出中医治疗该病究竟对哪些类型、哪些阶段或并发症有效，从而摸清中医治疗的优点、难点和要点……

郭子光在为中医事业奋斗的数十年中，孜孜以求，呕心沥血，积累了丰富的临床经验和富有创新精神的学术思想。他在中医学术上的贡献受到广泛肯定，多次受到周恩来、邓小平等党和国家领导人的接见。他的学术思想及临证经验研究也被纳入到国家“十五”科技攻关计划中。

郭子光的夫人冯显逊是成都中医药大学著名妇科专家，同样是潜心医学，淡于名利，学验俱丰。他们夫妇白天上班，晚上经常讨论临床所见，集中智慧，治愈了不少疑难病。如2002年5月，他们共同商量治愈一例西医病理活检确诊为“外阴非典型增生”而被考虑为癌前病变的女性，使患者避免了整个外阴被切除之苦。由此我们知道为什么郭子光夫妇被广大患者所尊敬、所喜爱。他们的诊室都是门庭若市，他们常说病人来一次不容易，所以从来都是坚持看完最后一位病人才拖着疲惫的身躯下班；对重症危急患者总是急病人之所急，优先处置；在自家诊所对困难的病人则免收诊费，甚至馈赠药资。

现在，已年逾古稀的郭子光仍然奋进不息，他自比犁铧，宁愿在耕耘中磨损，也不愿在无为中锈蚀。除临床工作外，他仍然积极指导后学，并撰写论文论著，参与有关学术活动。他求实创新的精神在同行之中享有高度的赞誉。他的大半生都在实践着自己的人生格言：“人生的目的是对人类事业的开拓进取，无私奉献；

人生的品格是诚实宽容，作风正派；人生的价值是在人们心目中有为有位。”

（撰稿人 刘 杨）

《中华中医昆仑》丛书 150 位医家名录

（按生年排序）

张锡纯	丁甘仁	萧龙友	王朴诚	恽铁樵
曹炳章	冉雪峰	谢　观	施今墨	汪逢春
孔伯华	黄竹斋	吴佩衡	蒲辅周	陈邦贤
李翰卿	李斯炽	姚国美	陆渊雷	张泽生
时逸人	张梦侬	叶橘泉	王聘贤	陈慎吾
邹云翔	赵炳南	承淡安	余无言	刘惠民
岳美中	沈仲圭	秦伯未	赵锡武	韦文贵
程门雪	黄文东	赵心波	董廷瑶	吴考槃
章次公	石筱山	陆南山	张赞臣	李聪甫
刘绍武	陈存仁	朱仁康	陆瘦燕	姜春华
韩百灵	高仲山	李克绍	王鹏飞	刘春圃
金寿山	哈荔田	何世英	周凤梧	干祖望
关幼波	王为兰	任应秋	罗元恺	祝谌予
杨医亚	郭士魁	何时希	耿鉴庭	俞慎初

裘沛然	顾伯华	江育仁	邓铁涛	门纯德
刘渡舟	尚天裕	朱良春	李玉奇	程士德
尚志钧	赵绍琴	董建华	米伯让	李辅仁
张珍玉	班秀文	颜正华	于己百	颜德馨
路志正	方药中	王乐匋	黄星垣	谢海洲
余桂清	何　任	王子瑜	程莘农	陈彤云
焦树德	张作舟	张　琪	李寿山	张镜人
王绵之	方和谦	印会河	王玉川	蔡小荪
李振华	马继兴	王嘉麟	宋祚民	刘弼臣
王雪苔	刘志明	吴咸中	李今庸	任继学
裴学义	王宝恩	周霭祥	贺普仁	唐由之
赵冠英	许润三	金世元	陆广莘	刘柏龄
徐景藩	吉良晨	吴定寰	沈自尹	王孝涛
张灿玾	周仲瑛	强巴赤列	张代钊	李经纬
郭维淮	柴松岩	苏荣扎布	陈可冀	李济仁
夏桂成	郭子光	巴黑·玉素甫	张学文	陈介甫